幼児のうたと音感 5

（CD & カードつき）

遠藤 蓉子・編著　サーベル社

は じ め に

　本書は、サーベル社より既刊の「たのしいな！幼児のうたと音感」のシリーズに対応したCDブックで、小さい子のレッスンをスムーズに進めるためにと考えて作られたものです。生徒用テキストと合わせてはもちろんのこと、本書だけでも楽しく小さい子のリズム感と音感をトレーニングすることができます。

　1巻から進んできた生徒にとっては、この5巻はこれまでの総まとめであり、もういろいろな曲を十分に楽しめる土台ができていると思われますので、大きな声で元気よく歌って、体をしっかり動かしてそれぞれの課題をこなしていってほしいと思います。

　CDの構成は、4巻までと同様に、歌入りのピアノ伴奏、歌なしのピアノ伴奏、言葉の模唱、リズムの聴き取り、音の聴き取りの順に入っています。別冊ページの構成としましては、CDに収録されているピアノ伴奏譜と、各曲に対する遊び方のバリエーションが載っています。テキストの遊び方以外にも幅広い年齢の子供たちに対応できるように考えられています。また、フラフープやボールや様々なリズム楽器を取り入れることにより、子供たちの興味をひきつける遊びとなるよう工夫されています。CDに合わせて歌うだけでなく、体を動かして音楽と一体となることは、幼児期の音楽的素養にとても良い影響がありますから、いろいろな形でぜひレッスンに取り入れて下さい。

　「ことばあそび」では、新しく四分休符のリズムを学びます。二分音符と四分休符の区別をリズム楽器で表現するのは難しいので、CDではピアノの音で入れています。「おんかんあそび」は、4巻までの三音から二音の聴き取りへと進んでいます。1巻からとても長い間丁寧に積み重ねてきていますので、ほとんどの生徒が音あてが得意になっていることと思います。この5巻でドレミファソの五つの音をすっかり定着させて下さい。

　巻末には、生徒用テキストのための指導の手引きと音あてゲームのためのカードをつけています。カードひろいはどんな子供も大好きですので、ぜひレッスンで役立てて下さい。本書が、小さい子の楽しいレッスンのための一助になりますことを心より願っています。

2015年1月

遠 藤 蓉 子

もくじ

おうたあそび 1	やまのおんがくか	4
おうたあそび 2	めだかのがっこう	6
おうたあそび 3	おんまはみんな	8
おうたあそび 4	やぎさんゆうびん	10
おうたあそび 5	おさるのかごや	12
おうたあそび 6	おかあさん	14
おうたあそび 7	さんぽ	16
おうたあそび 8	いぬのおまわりさん	18
おうたあそび 9	ももたろう	20
おうたあそび 10	たきび	22
おうたあそび 11	おもちゃのちゃちゃちゃ	24
おうたあそび 12	せいじゃのこうしん	26
おうたあそび 13	おめでとうくりすます	28
指導の手引き（ワンポイント・アドバイス）		30
CD プログラム		36
音感カード		37

CDの使い方

　　最初に「おうたあそび」の歌入り、2 番目に歌なしが入っています。基本的には先生のピアノでその子供にふさわしい速度で歌うのが望ましいのですが、手あそびやダンスをする時には CD を利用した方が楽しくできます。言葉による模唱も CD に入っています。

　　「ことばあそび」は、全部で 10 セットの音が入っており、5 セットまでは、いろいろなものの名前を手を打ちながら言います。6 セットからは、自分で音を聴いてどのカードか認識して、カードの言葉を言いながら手を打ちます。二分音符の長さを表現するためにピアノの音で入っていますので、音の響きをよく聴いて判断します。

　　「おんかんあそび」は、テキストの 1 段目は階名とピアノの音が入っていますので、よく聴いて同じ音でまねします。2 段目からはピアノの音だけが入っていますので、よく聴いて自分で考えて答えます。「いぬ」「うし」などの言葉でも構いませんが、4 巻からは具体的な音として認識していますので、CD ではドレミの階名でうたっています。さらに、しっかりと音感が身についている場合は、テキストのカードを見ないで音のあてっこをすることもできます。生徒のレベルに応じて巻末のカードも活用しながら柔軟に対応して下さい。

おうたあそび 1　やまのおんがくか

【テキスト P.4】

水田詩仙　作詞
ドイツ民謡

〈応用１〉　二人でダンスしながらうたいましょう

| 手をつないで足を♩のリズムで開いて閉じてとくりかえす | うたにあわせて手あわせをする | おじぎをする |

わたしゃおんがくか　やまのこりす
じょうずにバイオリン　ひいてみましょう

キュキュキュキュキュ
キュキュキュキュキュ
キュキュキュキュキュ
キュキュキュキュキュ

いかがです

（３ばんまでおなじ）

〈応用２〉　タンバリンを打ちながらうたいましょう

| ♩のリズムでタンバリンを打つ | タンバリンを車のハンドルのようにしてうたにあわせてまわす | タンバリンをふりながら大きくまわす |

わたしゃおんがくか
やまのこりす
じょうずにバイオリン
ひいてみましょう

キュキュキュキュキュ
キュキュキュキュキュ
キュキュキュキュキュ
キュキュキュキュキュ

いかがです

（３ばんまでおなじ）

おうたあそび 2　めだかのがっこう

〈応用１〉 二人でダンスしながらうたいましょう

手をつないで
♩のリズムで
横にゆれる

〈1ばん〉
目のまわりに
手でめがねを
つくる

〈2ばん〉
ひとさし指で
右から人をさす
まねをする

〈3ばん〉
手で水の中を
泳ぐまねをする

うたにあわせて
♩のリズムで
手を打つ

めだかのがっこうは
かわのなか

（3ばんまでおなじ）

そっとのぞいて
みてごらん
そっとのぞいて
みてごらん

だれがせいとか
せんせいか
だれがせいとか
せんせいか

みずにながれて
つーいつい
みずにながれて
つーいつい

みんなで
おゆうぎ
しているよ

（3ばんまでおなじ）

〈応用２〉 トライアングルを打ちながらうたいましょう

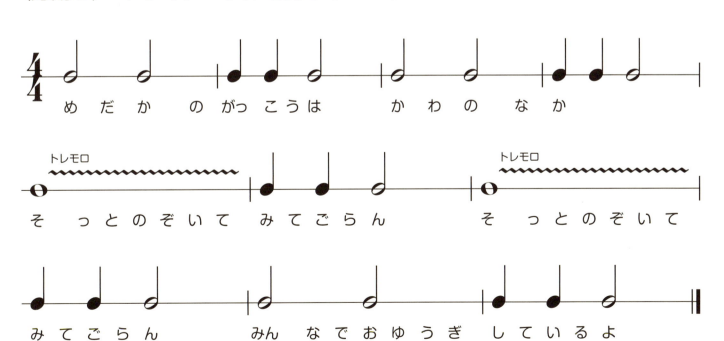

おうたあそび 3　おんまはみんな

【テキストP.12】

中山知子　作詞
アメリカ民謡

〈応用1〉 フラフープであそびましょう

♩のリズムで横にふる	♩のリズムで床を打つ	♩のリズムで横にふる	♩のリズムで床を打つ	フラフープを上にあげる	2回ジャンプする

前奏と間奏	おんまはみんな ぱっぱかはしる ぱっぱかはしる ぱっぱかはしる おんまはみんな ぱっぱかはしる どうしてはしる	どうしてなのか だれもしらない だけど	おんまはみんな ぱっぱかはしる ぱっぱかはしる ぱっぱかはしる おんまはみんな ぱっぱかはしる	おもしろいね	ちょんちょん

（2ばんもおなじ）

〈応用2〉 おどりながらうたいましょう

手を打つ	前へ8歩あいたあと後ろへ8歩さがる	腰に手をやり足を大きく開いて♩のリズムで横にゆれる	前へ8歩あいたあと後ろへ8歩さがる	2回ジャンプする

前奏と間奏	おんまはみんな ぱっぱかはしる ぱっぱかはしる ぱっぱかはしる おんまはみんな ぱっぱかはしる どうしてはしる	どうしてなのか だれもしらない だけど	おんまはみんな ぱっぱかはしる ぱっぱかはしる ぱっぱかはしる おんまはみんな ぱっぱかはしる おもしろいね	ちょんちょん

（2ばんもおなじ）

おうたあそび 4　やぎさんゆうびん

【テキストP.16】

まどみちお　作詞
團伊玖磨　作曲

〈応用1〉 ハンカチであそびましょう

両手でハンカチを
持って♩のリズムで
たてにふる

前奏と間奏

右手でハンカチの
角を持ち
8の字にふる

しろやぎさんから
おてがみついた
くろやぎさんたら
よまずにたべた

ハンカチを
上にあげて
右まわりに走る

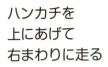

しかたがないので

ハンカチを
上にあげて
左まわりに走る

おてがみかいた

ハンカチを両手に
もって前に出す

さっきのてがみの

ハンカチを右と左に
1回ずつゆっくりふる

ごようじなあに

〈応用2〉 カスタネットを打ちながらうたいましょう

おうたあそび 5　おさるのかごや

〈応用1〉 マラカスをふりながらうたいましょう

♩のリズムで
両手をそろえてふる

前奏と間奏

両手をそろえてたいこを
たたくように右上で2回
左上で2回交互にふる

えーっさえーっさ
えっさほいさっさ

右と左を交互にふる

おさるのかごやだ
ほいさっさ

右と左を交互にふりながら
右まわりに歩く（8歩）

ひぐれのやまみち
ほそいみち

右と左を交互にふりながら
左まわりに歩く（8歩）

おだわらちょうちん
ぶらさげて

両手をそろえてたいこを
たたくように右上で2回
左上で2回交互にふる

それやっとこどっこい
ほいさっさ

右と左を交互にふる

ほーいほいほい
ほいさっさ

〈応用2〉 手と足でリズムを打ちながらうたいましょう

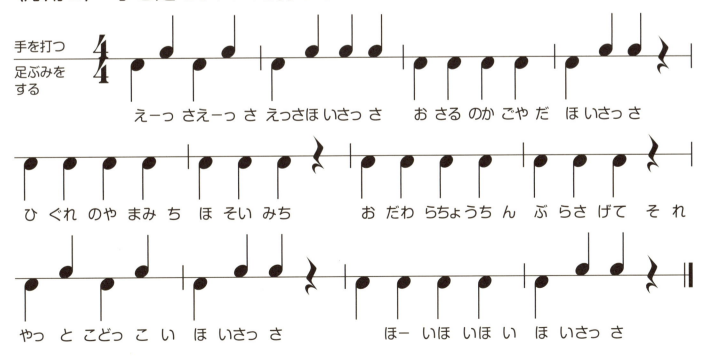

〈応用2〉 二人でダンスしながらうたいましょう

♩♩♩♩で
手あわせをする
（2回）

手をつないで
♩のリズムで
横にゆれる

♩のリズムで7回
手あわせをする

手をつないで
♩のリズムで
横にゆれる

おかあさん
なあに

おかあさんて
いいにおい

せんたくしていた
においでしょ

シャボンのあわの
においでしょ

〈応用3〉 いろいろなかえうたを作ってうたいましょう

（おとうさん） なあに （おとうさん）て いいにおい
　（おふろにはいった）においでしょ （せっけんのあわの）においでしょ

（おはなやさん） なあに （おはなやさん）て いいにおい
　（ばらのはなの）においでしょ （ゆりのはなの）においでしょ

（ハンバーガーやさん） なあに （ハンバーガーやさん）て いいにおい
　（てりやきソースの）においでしょ （フライドポテトの）においでしょ

（ケーキやさん） なあに （ケーキやさん）て いいにおい
　（なまクリームの）においでしょ （チョコレートソースの）においでしょ

おうたあそび 7 さんぽ

【テキストP.28】

中川季枝子　作詞
久石　譲　作曲

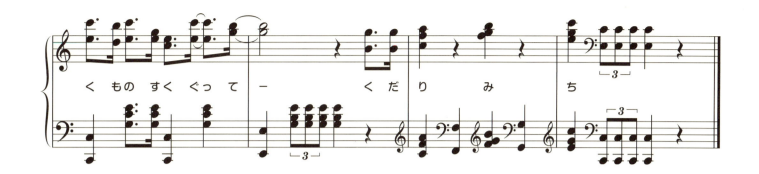

〈応用1〉 二人でダンスしながらうたいましょう

トントンパーのリズムで手あわせをする	♩のリズムで足ぶみする	手をつないで♩のリズムで横にふる	トントンパーのリズムで手あわせをする

あるこうあるこう わたしはげんき あるくのだいすき どんどんいこう	さかみちトンネル くさっぱら	いっぽんばしに でこぼこじゃりみち	くものすくぐって くだりみち

〈応用2〉 手と足でリズムをとりながらうたいましょう

♩のリズムで足ぶみする	♩のリズムで手を打つ	♩のリズムで足ぶみする	♩のリズムで足を開いて閉じてをくりかえす	♩のリズムで足ぶみする	♩♩♩♩♩で手を打つ

あるこうあるこう あるくのだいすき	わたしはげんき どんどんいこう	さかみちトンネル くさっぱら	いっぽんばしに でこぼこじゃりみち	くものす くぐって	くだりみち

おうたあそび 8　いぬのおまわりさん 【テキストP.32】

〈応用1〉 タンバリンを打ちながらうたいましょう

〈応用2〉 フラフープでおどりながらうたいましょう（ないときはなにももたないでします）

フラフープをもって足ぶみをする	フラフープをもって足を開いて閉じてのダンスをする	フラフープをもって右まわりにまわる（♪のリズム）	フラフープをもって左まわりにまわる（♪のリズム）	足をグーグーパーでジャンプする（2回）

前奏	まいごのまいごのこねこちゃん あなたのおうちはどこですか	おうちをきいてもわからない	なまえをきいてもわからない	にゃんにゃんにゃにゃん にゃんにゃんにゃにゃん

小さくなってすわる	すわったままフラフープを3回床に打つ	立ってフラフープをもったまま♪のリズムで横にゆれる	小さくなってすわる	足をグーグーパーでジャンプする（2回）

ないてばかりいる	こねこちゃん	いぬのおまわりさん	こまってしまって	わんわんわわん わんわんわわん

おうたあそび 9　ももたろう

【テキストP.36】

文部省唱歌
岡野貞一　作曲

〈応用１〉　せっせっせでじゃんけんしながらうたいましょう

〈応用2〉 手と足でリズムを打ちながらうたいましょう

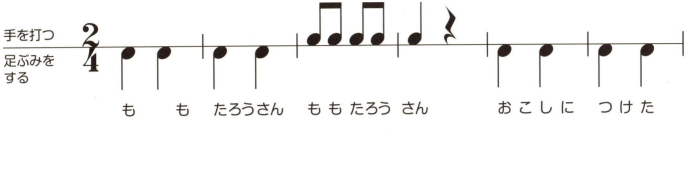

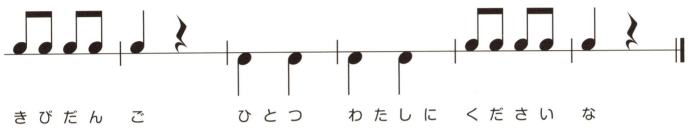

〈応用3〉 おどりながらうたいましょう

おうたあそび 10　たきび

〈応用1〉 手とひざを打ちながらうたいましょう

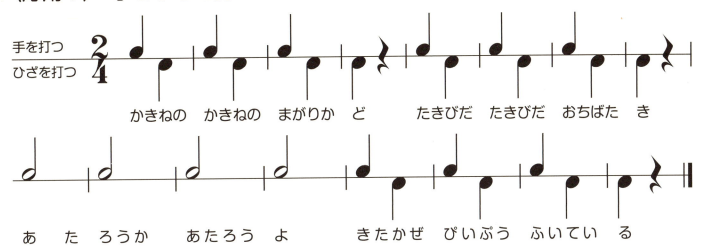

〈応用2〉 すずを打ちながらうたいましょう

♩のリズムで　　　　　すずをゆらしながら　　♩のリズムで
すずを打つ　　　　　大きくまわす（2回）　　すずを打つ

かきねのかきねの　　　あたろうか　　　　きたかぜぴいぷう
まがりかど　　　　　　あたろうよ　　　　ふいている
たきびだたきびだ
おちばたき

〈応用3〉 ハンカチであそびましょう

ハンカチを両手で　　ハンカチの角を片手で　ハンカチの角を片手で　ハンカチを両手で
もってふる　　　　　もち♩のリズムで　　　もち♩のリズムで　　　もって上から下へ
（♩のリズム）　　　大きくまわす（4回）　大きくまわす（7回）　大きくふる（4回）

かきねのかきねの　　　たきびだたきびだ　　あたろうか　　　　きたかぜぴいぷう
まがりかど　　　　　　おちばたき　　　　　あたろうよ　　　　ふいている

おうたあそび 11　おもちゃのちゃちゃちゃ　【テキストP.44】

野坂昭如　作詞
吉岡治　補作
越野信義　作曲

〈応用1〉 マラカスをふりながらうたいましょう

右のマラカスを上へあげる	右のマラカスを3回ふる	左のマラカスを上へあげる	左のマラカスを3回ふる

おもちゃの	チャチャチャ	おもちゃの	チャチャチャ

マラカスをこまかくふりながら大きくまわす	両手をそろえてマラカスを3回ふる	マラカスを左右を交互にふる（♪のリズム）	両手をそろえてマラカスを3回ふる

チャチャチャおもちゃの	チャチャチャ	そらにきらきら〜おどるおもちゃの	チャチャチャ （あとはおなじ）

〈応用2〉 二人でダンスしながらうたいましょう

むかいあって手あわせをする（♪のリズム）	手をつないでボクシングのように交互に前後に動かす（♪のリズム）	手をつないで大きく横にゆれる（♪のリズム）

おもちゃのチャチャチャ おもちゃのチャチャチャ チャチャチャ おもちゃのチャチャチャ	そらにきらきら おほしさま みんなすやすや ねむるころ	おもちゃは はこをとびだして おどるおもちゃの チャチャチャ （あとはおなじ）

おうたあそび 12　せいじゃのこうしん

【テキストP.48】

遠藤蓉子　日本語詞
アメリカ民謡

〈応用１〉　フラフープであそびましょう

フラフープの外に立ち
２歩でフラフープの中に入り
そのまま後ろむきに
２歩でフラフープから出る
（４回くりかえす）

フラフープのまわりを
♩のリズムで歩く

みんなで　うたおう
すばらしい　うたを

くちぶえ　ふきつつ
あるいていこう

〈応用２〉　おどりながらうたいましょう

右と左に足を開いて
閉じてとしながら足を
閉じたときに手を打つ
（♩のリズム）

手を上にあげて
きらきらさせながら
その場所で
歩いてまわる

みんなで　うたおう
すばらしい　うたを

くちぶえ　ふきつつ
あるいていこう

おうたあそび 13　おめでとうくりすます 【テキストP.52】

横井　弘　訳詞
イギリス民謡

〈応用1〉 すずを打ちながらうたいましょう

♩♫のリズムで
すずを打つ

すずをこまかく
ふりながら大きく
まわす（2回）

おめでとう　めりーくりすます
みんなで　めりーくりすます
たのしく　めりーくりすます
おいわいしましょう

しあわせがくるように
ひざまづいて　さあ
おいのりしましょう

〈応用2〉 ボールであそびましょう

ボールを
たてにふる
（♩のリズム）

ボールを
横にふる
（♩.のリズム）

ボールをゆっくり
下におろして
床につける

ゆっくり立つ

おめでとう　めりーくりすます　　しあわせがくるように　　ひざまづいて　さあ　　おいのりしましょう
みんなで　めりーくりすます
たのしく　めりーくりすます
おいわいしましょう

指導の手引き〈ワンポイント・アドバイス〉

1．やまのおんがくか　　　　　　　　　　　　　　【テキスト P.4〜7　別冊 P.4〜5】

　子供たちの大好きな曲の一つですが、「おんがくか」というのが理解できないらしくて「おんがくや」と言っている場合が多いです。バイオリンを弾くまねやフルートを吹くまねは少し難しいので、「きゅきゅきゅ」は手拍子、「ピピピ」は小鳥のまねにしています。たぬきのタイコは小さい子でも理解できます。「きゅきゅきゅきゅきゅ」のリズムを♩♩♩♩で打つ子もいますが、できれば♫♩♩♩の方が望ましいです。模唱も、「りす」と「小鳥」と「たぬき」が混じっています。手の動作もつけてするとさらにおもしろいです。

　P.6の「ことばあそび1」では、𝄽を初めて習います。正しいリズムで打てるようにしましょう。どちらのカードかはすぐにわかります。P.7の「おんかんあそび1」は、2つの音のカードが3枚あります。4巻の3つの音のカードが2枚より数段難しくなります。「イヌ」と「ウシ」がよく似ているので、なかなか聞き取れないこともあります。5巻では、音の高さのまとめになりますので、できれば階名で練習した方が力がつきます。

　別冊ページの〈応用1〉は、生徒用テキストよりさらに小さい子向きで、先生と一緒に踊ります。「きゅきゅきゅきゅきゅ」のところの手合わせは♩♩♩♩でも♫♩♩♩でも構いません。〈応用2〉は、タンバリンを使って楽しく遊びます。年齢に関係なくリズムにのって楽しみましょう。

2．めだかのがっこう　　　　　　　　　　　　　　【テキスト P.8〜11　別冊 P.6〜7】

　♩と♪のリズムと強弱の練習になっています。少し大きな子は知っていますが、とても小さい子は知らない場合が多いです。字の読める子は3番まで歌うことができますが、そうでない時は1番だけ歌います。踊りもシンプルなので余裕をもって楽しめます。書いてはいませんが、いろいろな動物の学校の替え歌にすると楽しいです。「うさぎのがっこうは…みんなでぴょんぴょんしているよ」「○○ちゃんのがっこうは…みんなでべんきょうしているよ」「きりんのがっこうは…みんなでおさんぽしているよ」などいろいろ考えて歌うことができます。模唱は、並んだ音が一度ずつ上がっていきますので、歌いやすいです。音階の流れを定着させます。

　P.10の「ことばあそび2」は、「クッキー」が少し難しいです。P.11の「おんかんあそび2」は、とても難しいです。音の形はすべて下行形で、微妙に違っています。ここまですでに音感がついている子供は、確実に音をとることができますが、ふらふらいい加減にやってきた場合はとても手こずります。しかし、最初の音が「ファ」と「ミ」と「ソ」ですので、その音の高さを聞き分けることができればすぐにわかります。あまりにもわからない場合は、先生の声をリピートするだけにとどめても構いませんが、ある程度集中できるようであれば、「ファ」と「ミ」と「ソ」の音の聞きとりをトレーニングした方が良いです。

　別冊ページの〈応用1〉は、少し大きい子向きの踊りのパターンです。3番まで歌詞に合わせて異なる動きをします。踊り自体は難しくないので、特徴をつかんで楽しく踊りましょう。〈応用2〉は、トライアングルのリズム打ちで、トレモロがとてもきれいです。歌と一体になるよう耳をすませて演奏しましょう。

3．おんまはみんな　　　　　　　　　　　　　　　【テキスト P.12〜15　別冊 P.8〜9】

　少し長い曲ですが、子供たちが好きな曲です。リズムとしては、♫と♪♪♪が含まれていて難しいのですが、スキップのリズムにのって軽快に歌うことができれば、♫も♪♪♪も自然に体得することができます。「幼児のうたと音感」

はどちらかと言えば小さい子のためのシリーズですので、♪♪ と ♪♪♪ をリズムとして教えるのではなく、単なる歌詞の一部としてとらえています。少し大きな子で具体的なリズムとして教えたい場合は、「うたあそび」の3巻のP.30を参照して下さい。踊りでは、♪♪ と ♪ の区別になっていて、「パチンパチントントン」が上手にできればOKです。馬の鳴き声のゲームは、子供がとても喜びます。「ぱっかぱっかぱっかぱっか」では手綱を持って走っているまねをし、「ひひーん」では手を前にのばして大きく飛び越えるまねをしてやるとおもしろいです。

　P.14の「ことばあそび3」は、前と同じやり方です。P.15の「おんかんあそび3」は、最初の音が全部同じで2番目の音が違っているパターンです。音の幅をよく理解するよう指導して下さい。

　別冊ページの〈応用1〉は、フラフープを使った踊りで、とても小さい子から少し大きい子まで楽しくできます。〈応用2〉は、体を大きく使うパターンですが、動きはシンプルなので十分にリズムを感じながら体を動かしましょう。

4．やぎさんゆうびん　　　　　　　【テキスト P.16～19　別冊 P.10～11】

　子供たちが大好きな歌です。この歌の影響で、やぎは手紙を食べるものと思いこんでいる子供もいるので、本当は草を食べると教えてあげた方が良いと思います。手遊びは、オリジナルなものですが、とてもうまくいきます。模唱は、♪♪♪♪. のリズムですので、落ち着いてゆっくりきれいな声で歌いましょう。

　P.18は、前と同じやり方です。P.19の「おんかんあそび4」では、1度下がる音程ですので、最初の音で聞き取ります。何度も模唱をしてから挑戦して下さい。これはかなり高度な聞き取りですが、1巻から5巻までコツコツ積み重ねてきていれば、驚くべき正確さで聞き分けることができます。

　別冊ページの〈応用1〉は、ハンカチを使った踊りです。ハンカチをいろいろなパターンで振りますので、それぞれの振り方がきちんとリズムに合っていることが大切です。〈応用2〉は、歌に合わせたリズム打ちです。カスタネットだけでなく手でもよいし、足でステップをふんでもよいし、いろいろなリズム楽器で打つことができます。

5．おさるのかごや　　　　　　　　【テキスト P.20～23　別冊 P.12～13】

　この曲を知っている子供はほとんどいませんが、日本的なメロディーと調子の良いスキップのリズム、そしてこのようなかけ声の曲は子供が喜びますので取り入れています。1番だけで良いと思いますが、「おさるのかごや」の話にひきこまれるとどの子もこの曲が好きになります。4巻の「かわいいさかなやさん」と同じようにカスタネットを打ちます。始めの部分は歌とぴったり合っていますから、すぐにできます。次の「ひぐれのさかみち」からの、8歩で右まわりと8歩で左まわりが少し難しいです。きちんと ♪ のリズムで歩きながら一周で元に戻るのがなかなかうまくいかないこともありますが、「1・2・3・・・8」とかけ声をかけながら練習します。最後の「やっとこどっこいほいさっさっ」は良いのですが、次の「ほーいほいほい」のところは、カスタネットで先に打ってから歌が出ますので、少し難しいです。リズム感のある子はすぐにできます。すべてにおいて、リズム感の備わっている子は感覚的にすぐできるのですが、備わっていない子は練習と努力によってリズム感を築き上げていきます。模唱では、最初の音がすぐに聞き取れているかどうかを注意して下さい。「えっさほいさっさっ」の「さっさっ」のところで手を打つようにするとさらに緊張感が高まります。

　P.22の「ことばあそび5」からカードが3枚になりますが、これまでの復習です。P.23の「おんかんあそび5」は、似ている2枚と全くちがう1枚ですので、問題の出し方を工夫すれば、わかりやすいです。

　別冊ページの〈応用1〉は、生徒用テキストをマラカスを使ってアレンジしたもので、少し練習すればとても楽しく踊れます。〈応用2〉は、手と足のリズムで、少し大きい子向きです。かけ声の部分をしっかり練習しましょう。リズム譜を見なくても「さ」がきたら手を打つゲームとしてもおもしろいです。

６．おかあさん　　　　　　　　　　　【テキスト P.24～27　別冊 P.14～15】

　子供たちの大好きなお母さんの歌で、本当に優しい気持ちになれる曲です。「おかあさん」のところのリズムが♪♩♪♩で特徴があるのですが、歌としてうたうとすーっと入っていけます。歌をうたうことによっていろいろなリズムを知らず知らずのうちに体験するということにとても大きな意味があります。手遊びも喜んでやります。鼻をちょんちょんするところは♩のリズムでする子と♪のリズムでする子がいますが、どちらでも構いません。模唱は、音の配列が難しいですが、よく聞くことができればぴったり同じ声で歌うことができます。「おかあさん」の「あ」をはっきり言った方が良いです。

　P.26 は、前と同じやり方です。P.27 の「おんかんあそび6」は「かば」と「さる」が聞きとりにくいですが、「かば」と「さる」を集中的にトレーニングすれば、ほとんどわかるようになります。

　別冊ページの〈応用１〉は、歌と違うリズムで打ちますので少し難しいかもしれませんが、先生のまねをしながら言葉と一緒に覚えていくことができます。〈応用２〉は少し小さい子向きのダンスです。♩と♪のリズムだけですので、小さい子でも十分に楽しむことができます。〈応用３〉は、いろいろな臭いの替え歌を作ってうたいます。日頃はあまり考えないかもしれませんが、生徒と一緒にいろいろなものの臭いを考えてみましょう。

７．さんぽ　　　　　　　　　　　　【テキスト P.28～31　別冊 P.16～17】

　いつでも人気のトトロの曲です。聞いたことのある子供は、とても元気よく歌えます。全然知らない子には少し難しいですが、曲の持つ楽しい雰囲気が伝わればのってきます。踊りも体全体で元気よく踊りましょう。「さかみち」「トンネル」のところは歌に合わせて手を動かします。「くさっぱら」も同様に8拍で元の場所に戻るようにして下さい。時々速過ぎて曲に合わない子もいます。いつの場合でも曲に合っていないのは、よく聞いていないか、リズムを感じていないかです。踊りの時大切なのはリズム感です。「あるこう」の模唱は難しくありません。

　P.30 は、前と同じやり方です。P.31 の「おんかんあそび7」は、微妙な音程の違いの聞き分けですが、よく聞いている子はほとんどできます。

　別冊ページの〈応用１〉は、少し小さい子向きのパターンですが、最初の「トントンパー」が少し難しい場合は、♩の手合わせでも構いません。♩と♪のリズムを区別することが大切です。〈応用２〉は少し大きい子向きのパターンで、♩と♪のリズムをいろいろなパターンで表現します。最後の「くだりみち」のリズムは、歌の休符のところで手を打ちますので少し難しいかもしれません。丁寧にそれぞれの動きを練習しましょう。

８．いぬのおまわりさん　　　　　　　【テキスト P.32～35　別冊 P.18～19】

　ほとんどの子供が知っています。手遊びは、先生と二人でやるパターンですが、一人でやるパターンは「うたあそび」の3巻のP.18にあります。難しいリズム・パターンが含まれていますが、歌いやすいので問題ありません。「にゃんにゃんにゃにゃーん」の模唱は、とても楽しいです。

　P.34 は、復習です。P.35 の「おんかんあそび8」は、音の形が全く同じで1度ずつずれています。ドレミファソの音がわかっていればとても簡単ですが、わかっていない時は少し大変です。何度も声に出して練習して、音の高さを覚えます。

　別冊ページの〈応用１〉は、タンバリンのリズム打ちです。3段目と4段目の休符が少しわかりにくい場合もありますが、先生と一緒に楽しく歌いながらパターンを覚えましょう。〈応用２〉は少し大きい子向きのフラフープを使っ

た踊りです。元気よく体を動かして楽しく遊びましょう。

9．ももたろう 【テキスト P.36〜39　別冊 P.20〜21】

　案外、「ももたろう」は子供に人気です。「せっせっせ」はこれまでにあまりしていませんが、楽しく遊んで下さい。他の部分もリズムにのってはり切ってやりましょう。模唱は、パターンが長いので、よく聞いてから歌う練習です。これはやってもやらなくても良いのですが、私は実は替え歌が好きで、こんなふうにやっています。「○○さん○○さんおこしにつけたチョコレートひとつ私にくださいな」「あげましょうあげましょうこれからピアノのれんしゅうをたくさんするならあげましょう」○○さんは先生の名前でも良いし、チョコレートのところには子供の好きな食べものを入れます。この歌は、いつでも子供と練習の約束をする時に使えます。

　P.38 は、復習です。P.39 の「おんかんあそび 9」は、わかりやすいです。

　別冊ページの〈応用 1〉は、「せっせっせ」だけのパターンです。生徒用テキストの最初の部分がうまくいかない場合は、こちらのパターンで「せっせっせ」を重点的に練習することができます。〈応用 2〉は、手と足のリズム打ちですが、パターンが決まっているので難しくはありません。〈応用 3〉は、少し小さい子向きの踊りで、何才でも楽しく踊れます。

10．たきび 【テキスト P.40〜43　別冊 P.22〜23】

　「かきねのかきねのまがりかど」というのがすでに子供には意味不明ですが、何となく歌いやすいので、子供は喜んで歌っています。よくよく考えてみると「あたろうかあたろうよ」のところは二人の会話になっているので、「あたろうか」の人と「あたろうよ」の人に分かれて歌うことができます。その他の部分は二人で歌うのですが、先生が「あたろうか」って聞くから○○ちゃん「あたろうよ」って答えてね、とか、または今度は○○ちゃんが「あたろうか」って聞いてねというふうに歌うと「たきび」も別な楽しみ方ができます。まるで演歌のデュエットのようなノリですが、すべてを楽しむのがレッスンの基本ですからやってみて下さい。踊りは、4 巻の「ロンドンばし」と同じく手をつないでまわります。♩のリズムで 7 歩目で止まるのが理想的です。子供がはしゃぎ過ぎるとなかなか大変ですが、十分に楽しんでやって下さい。その他の動作はこれまでの復習です。模唱は、少しとりにくい音ですが、よく聞いて歌いましょう。

　P.42 は、前と同じやり方です。P.43 は、わかりやすいです。

　別冊ページの〈応用 1〉は、手とひざを打つリズム・パターンです。「あたろうかあたろうよ」だけが♩で、あとは同じパターンですので、案外難しくありません。〈応用 2〉は、すずの踊りで、「あたろうかあたろうよ」のところはとてもゆっくりすずをまわします。〈応用 3〉はハンカチを使って楽しく遊びます。きちんとリズムに合わせるのは難しいことですが、子供たちはハンカチをまわすのが大好きで、大喜びでやってくれます。

11．おもちゃのチャチャチャ 【テキスト P.44〜47　別冊 P.24〜25】

　この曲は、歌詞がごちゃごちゃしているので少し難しいのですが、ほとんどの子供が知っています。正確には「おもちゃのチャチャチャ」の部分だけを知っているようです。歌詞をよく説明すると、子供の大好きなおもちゃの歌ですからとても興味を持って好きになります。どんな歌でも、先生の導き方で楽しく盛り上げることができます。1 巻からたくさんの歌をうたってここまでくれば、もはや踊りの達人になっていることが多く、P.45 のイラストを見ながら先生と一緒に楽しく踊って下さい。歌詞と動きが対応していますのでわかりやすいです。

　P.46 は、復習です。P.47 の「おんかんあそび 11」は、少し難しいですが、これまでのトレーニングが成功していれ

ばすぐにできます。一つ一つの音の高さをよく聞いて覚えればできます。

　別冊ページの〈応用1〉は、小さい子から大きい子までとても喜ぶマラカスの踊りです。「そらにきらきら〜」の部分を ♫ で振るのが難しければ ♩ でも構いません。〈応用2〉は、小さい子向けの踊りで、♩ と ♫ と ♩ を体で表現しながら楽しく踊ることができます。

12.　せいじゃのこうしん　　　　　　　　　【テキスト P.48〜51　別冊 P.26〜27】

　この曲のメロディーは何となく聞いたことがあると思いますが、歌詞はあまり歌われることがありませんので、子供向きのものを作っておきました。原曲のイメージを伝えつつ子供にも理解できる内容にしています。短い歌詞ですが、希望にあふれて明るい感じです。子供たちも大きな声で元気よく歌えます。両手のリズム打ちは少し難しいかもしれませんが、フレーズを細かく区切って練習すればできるようになります。このシリーズのまとめとして取り組んで下さい。「らららら」の模唱は、すぐにできます。

　P.50 は、これまでの復習です。P.51 の「おんかんあそび12」は、ここまでで本当に音感がついたかどうかが試される問題です。その子供の中にドレミファソの音の階段ができ上がっていて、よく聞くということができれば、聞き分けることができます。ちょっと難しい場合は、「アメ」「ジャム」「ハム」の単なるあてっこということで、あたれば「ピンポーン」、はずれれば「ブー」という感じで遊んであげて下さい。できないからと言って「いつまでたってもダメねー」みたいなことではなく、これは個人の能力によってとても差がありますので、結果よりも「遊び」として楽しくやって下さい。そうでないと、自分はそれが苦手と思ってしまい、前向きな取り組みができなくなってしまうからです。小さい子のレッスンでは、いつでも楽しい遊びの雰囲気を忘れないでレッスンして下さい。まずは、「アメ」「ジャム」「ハム」の音を自分で声に出すことから始めて下さい。そして、よく聞く真剣な耳を持っていれば、ほとんどの場合はできます。

　別冊ページの〈応用1〉は、フラフープの中に入ったりまわりを歩いたりして遊びます。リズムにのって歩くことが大切です。〈応用2〉も年齢に関係なくできる楽しい踊りです。CD の伴奏が ♫ を刻んでいるのですが、つられないよう ♩ のリズムでしっかりステップを踏みましょう。

13.　おめでとうくりすます　　　　　　　　【テキスト P.52〜55　別冊 P.28〜29】

　いよいよ最後の曲です。よく耳にするクリスマスの曲ですが、歌詞は知らない場合が多いです。3 拍子のきれいな曲なので、子供たちにも人気があります。先生との手遊びも、これまでの総まとめになっています。「ぱちんとんとん」の手合わせと、♩. のスイングはもうできるでしょうか。これまでにもいろいろクリスマスの曲を歌いました。クリスマス会などでもぜひ歌って下さい。英語の歌詞の方が知られているかもしれませんが、日本語の方が意味に合わせて動きをつけやすいです。模唱は、弱起のスタートなので少し歌いにくいかもしれませんが、何回か練習すればリズムがつかめます。

　P.54 は、これまでの復習です。P.55 の「おんかんあそび13」も、P.51 と同様に音感トレーニングのまとめとなっています。

　別冊ページの〈応用1〉は、すずを使った踊りです。𝄽 ♩ ♩ は最初は少し難しいかもしれませんが、少し練習すればできるようになります。〈応用2〉はボールを使った遊びで、うたいながらリズムに合わせてボールを振ります。ボールのかわりにプレゼントの箱などでも楽しくできます。

小さい子のレッスンを楽しくするための決定版
「たのしいな！ 幼児のうたと音感①〜⑤」

遠藤蓉子・編著　サーベル社
[各定価1,200円＋税]

- 先生と一緒に楽しく歌ったり、ダンスしながら、リズム感と音感の基礎を身につけます。
- すべてを遊びの形をとることにより、子供たちの興味をひきつけます。
- 2・3才から5・6才まで幅広く使うことができ、音楽が大好きになります。
- 「別冊 幼児のうたと音感」に対応したわかりやすい生徒用テキストです。

CD「音感ドレミファソラシド」 VICP-65082
発売元：ビクターエンタテインメント株式会社 [定価2,095円＋税]

「音感ドレミファソラシド ききとりワークブック①②」
（CD対応 歌あそびのヒントつき）

遠藤蓉子・著　サーベル社 [各定価950円＋税]

- 「幼児のうたと音感」のシリーズの終了後、音感を聴音の形へと導き、ドレミファソラシドをすっかり定着させます。
- CDは、誰もが歌いたくなるすばらしい音源を厳選しており、歌うことの楽しさを実感しながら音感トレーニングをします。
- 各曲に対応した「歌あそびのヒント」は、CDに合わせてピアノを弾いたり踊ったりする楽しいゲームです。
- テキストだけでも、CDだけでも使うことができますが、合わせて使うと楽しさが倍増します。

「リスニング・ワーク・ブック①〜③」
〜良い耳をつくるために〜

遠藤蓉子・著　サーベル社 [各定価1,000円＋税]

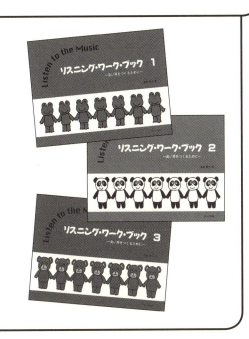

- 「幼児のうたと音感」のシリーズの終了後、さらに音程を確実なものにするために、聴音を学ぶと安定します。
- 初歩から一音ずつ丁寧に音程を積み重ねながら、ハイ・レベルまで総合的な音楽能力を養います。
- 一巻はハ〜ト、二巻はハ〜ハ、三巻は加線を含む幅広い音域を学びます。
- 左ページで音符を歌ったり、音符を書く練習で聴音の基礎をかため、右ページで実際の聴音のコツをつかみます。
- ゆっくりのペースで、クイズも交えながら楽しく進んでいきます。

CDプログラム

おうたあそび 1　やまのおんがくか　　歌入り [1]　　歌なし [2]
　　なきごえの模唱 [3]　　ことばあそび1 [4]　　おんかんあそび1 [5]

おうたあそび 2　めだかのがっこう　　歌入り [6]　　歌なし [7]
　　「めだか」の模唱 [8]　　ことばあそび2 [9]　　おんかんあそび2 [10]

おうたあそび 3　おんまはみんな　　歌入り [11]　　歌なし [12]
　　「ぱっかぱっか」の模唱 [13]　　ことばあそび3 [14]　　おんかんあそび3 [15]

おうたあそび 4　やぎさんゆうびん　　歌入り [16]　　歌なし [17]
　　「おてがみ」の模唱 [18]　　ことばあそび4 [19]　　おんかんあそび4 [20]

おうたあそび 5　おさるのかごや　　歌入り [21]　　歌なし [22]
　　「えっさほいさっさっ」の模唱 [23]　　ことばあそび5 [24]　　おんかんあそび5 [25]

おうたあそび 6　おかあさん　　歌入り [26]　　歌なし [27]
　　「おかあさん」の模唱 [28]　　ことばあそび6 [29]　　おんかんあそび6 [30]

おうたあそび 7　さんぽ　　歌入り [31]　　歌なし [32]
　　「あるこう」の模唱 [33]　　ことばあそび7 [34]　　おんかんあそび7 [35]

おうたあそび 8　いぬのおまわりさん　　歌入り [36]　　歌なし [37]
　　「にゃんにゃん」の模唱 [38]　　ことばあそび8 [39]　　おんかんあそび8 [40]

おうたあそび 9　ももたろう　　歌入り [41]　　歌なし [42]
　　「ももたろうさん」の模唱 [43]　　ことばあそび9 [44]　　おんかんあそび9 [45]

おうたあそび 10　たきび　　歌入り [46]　　歌なし [47]
　　「きたかぜ」の模唱 [48]　　ことばあそび10 [49]　　おんかんあそび10 [50]

おうたあそび 11　おもちゃのちゃちゃちゃ　　歌入り [51]　　歌なし [52]
　　ことばあそび11 [53]　　おんかんあそび11 [54]

おうたあそび 12　せいじゃのこうしん　　歌入り [55]　　歌なし [56]
　　「ららら」の模唱 [57]　　ことばあそび12 [58]　　おんかんあそび12 [59]

おうたあそび 13　おめでとうくりすます　　歌入り [60]　　歌なし [61]
　　「おめでとうくりすます」の模唱 [62]　　ことばあそび13 [63]　　おんかんあそび13 [64]

遠藤蓉子ホームページ　http://homepage3.nifty.com/yoppii/

著　者	遠藤蓉子	
ＤＴＰ	アトリエ・ベアール	
発行者	鈴木廣史	
発行所	株式会社サーベル社	
定　価	［本体1800円＋税］♣♣	
発行日	2015年1月20日	

別冊　幼児のうたと音感⑤
（CD＆カードつき）

〒130-0025　東京都墨田区千歳2-9-13
TEL 03-3846-1051　FAX 03-3846-1391
http://www.saber-inc.co.jp/

JASRACの承認に依り許諾証紙貼付免除
JASRAC 出 1500205-501

この著作物を権利者に無断で複写複製することは、著作権法で禁じられています。
万一、落丁・乱丁の場合は送料小社負担でお取り替えいたします。

ISBN978-4-88371-683-8 C0073 ¥1800E

音感カード

カードひろいや音あてゲームに使いましょう
ピアノで弾くこともできます

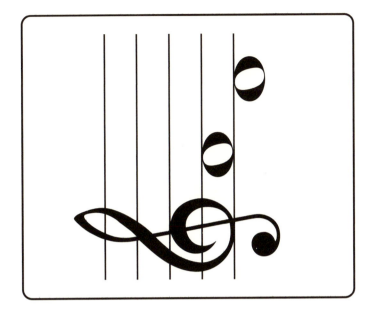

リズム・カード　　　　リズムの練習やリズムの聴きとりに使いましょう

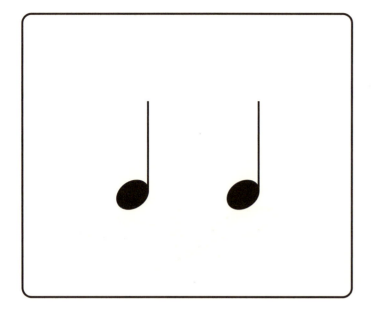
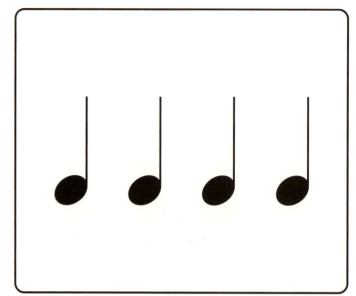
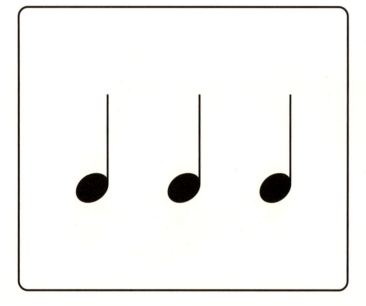

音感カード

リズム・カード

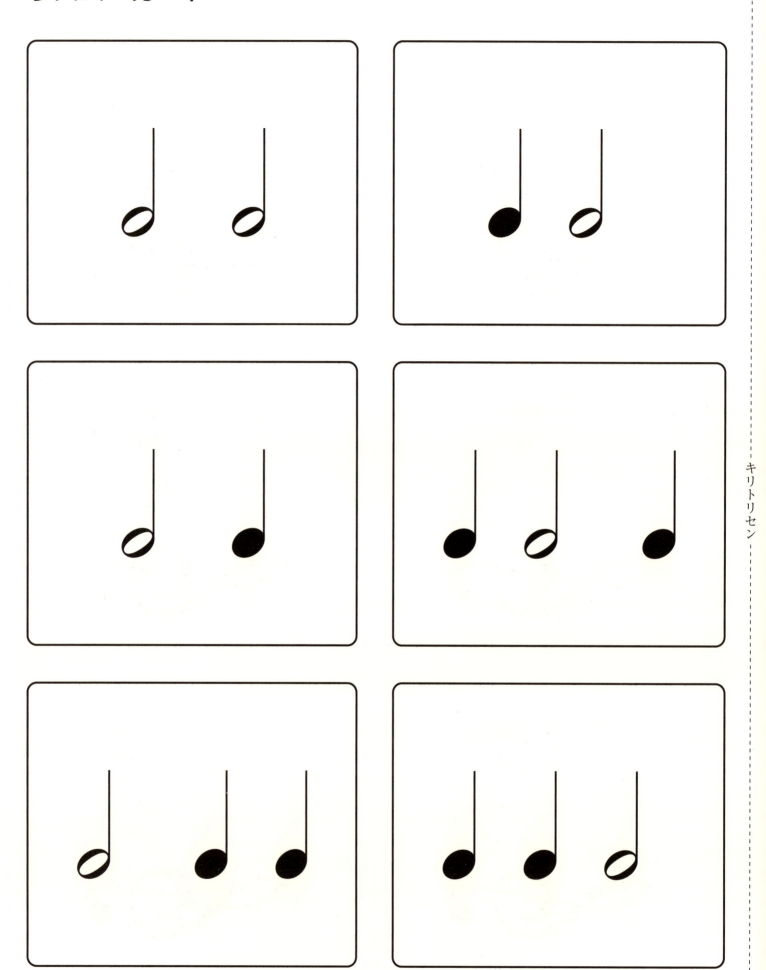

40

音感カード

リズム・カード

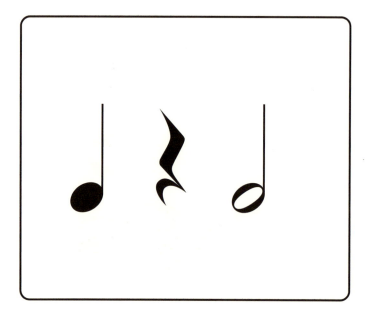